Pinta y descubre

Paint and discover

BARCELONA

GERM BENET PALAUS

Casa Batlló

Sagrada Família

Sant Felip Neri

Arc de Triomf

Font Màgica de Montjuïc

Rambles de Barcelona

Park Güell

Barceloneta

La Pedrera

Tibidabo

Dibuja y pinta tu Barcelona
Dibuixa i pinta la teva Barcelona
Draw and paint your Barcelona

Libros para colorear en esta misma editorial:

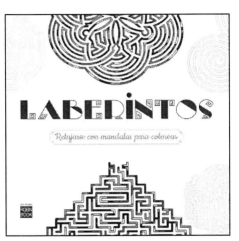

Puedes visitar nuestra página web
www.redbookediciones.com
para ver todos nuestros libros a través de este QR:

Puedes seguirnos en:

redbook_ediciones

@Redbook_Ed

@RedbookEdiciones

© 2023, Redbook Ediciones, s. l., Barcelona
Diseño de cubierta: Regina Richling
Ilustraciones: Germ Benet Palaus
ISBN: 978-84-9917-710-6
Depósito legal: B-10.389-2023

Impreso por Edicions 44
Carrer Antoni Gaudí 7 (Pol. Ind El Cros)
08349 Cabrera de Mar (Barcelona)

Impreso en España - *Printed in Spain*